AF267215

VINGT ANS

DE

PROGRÈS COLONIAL

NÉCESSITÉ D'UN ENSEIGNEMENT COLONIAL

CONFÉRENCE

FAITE A LA SOCIÉTÉ D'ÉCONOMIE POLITIQUE DE LYON

LE 23 FÉVRIER 1900

PAR

M. Ulysse PILA

LYON

A. REY ET Cie, IMPRIMEURS-ÉDITEURS

4, RUE GENTIL 4

1900

VINGT ANS

DE PROGRÈS COLONIAL

VINGT ANS

DE

PROGRÈS COLONIAL

NÉCESSITÉ D'UN ENSEIGNEMENT COLONIAL

CONFÉRENCE

FAITE A LA SOCIÉTÉ D'ÉCONOMIE POLITIQUE DE LYON

LE 23 FÉVRIER 1900

PAR

M. Ulysse PILA

LYON

A. REY et Cie, IMPRIMEURS-ÉDITEURS

4, RUE GENTIL 4

1900

VINGT ANS
DE PROGRÈS COLONIAL

I. — HIER ET AUJOURD'HUI

Le « Foreign Office » vient de publier, dans la collection des « Diplomatic & consular Reports », un rapport sur les colonies françaises. Ce rapport très remarquable est de M. Austin Lee, attaché, pour les affaires commerciales, à l'Ambassade d'Angleterre à Paris. Il décrit de la façon la plus technique la situation économique actuelle de la plupart des colonies.

J'en retiens une phrase, c'est la première : « L'expansion coloniale de la France, dit M. Austin Lee, est peut-être un des traits les plus remarquables de l'histoire contemporaine de ce pays. »

Cette observation vient d'un étranger, et cet étranger est d'une nation qui est par nature très peu disposée à reconnaître aux autres, à ses rivales surtout, la faculté de faire de grandes choses.

Si, malgré cela, cette observation semblait à quelques-uns sans grande signification, je dirai qu'elle m'a personnellement intéressé beaucoup, parce que j'y ai trouvé l'expression exacte et mesurée de mon opinion, de ma conviction, et que je crois être dans la vérité. Je la développerai sinon au moyen de chiffres, comme l'a fait M. A. Lee (je les éviterai dans ce rapport), du moins avec l'aide de quelques idées qui me paraissent se dégager de l'histoire coloniale de ces vingt dernières années.

Ceci ne s'adresse pas aux détracteurs de la politique suivie par la

France durant ces vingt années, à ce petit clan d'irréductibles, qui prétendent que notre pays, en se lançant dans la colonisation, s'est engagé dans une funeste voie. Délaissant ceux-là, je voudrais convaincre ces Français — et ceux-là sont la majorité — qui approuvent en principe l'expansion coloniale d'un grand pays comme le nôtre, mais qui désespèrent encore de notre aptitude à coloniser.

La cause coloniale a, en effet, particulièrement souffert jusqu'à ce jour de cet esprit chagrin et pessimiste, de cette défiance de nous-mêmes, de cette ignorance de nos vraies forces, de ce généreux empressement à nous dénigrer, qui nous caractérisent depuis nos malheurs.

De notre empire colonial, de la politique que nous y suivons, ce sont les imperfections, les défauts que nous remarquons à première vue. Nous affectons d'être mécontents des territoires que nous possédons. Nous regardons les déserts au lieu de porter nos yeux sur les terres fertiles. Nous parlons de ce qu'il nous faudrait encore de préférence à ce que nous avons déjà. Nous proclamons nos erreurs et les maladresses de notre Administration, la timidité de nos capitaux, la pauvreté de notre émigration, la stérilité de notre race. Et, sans savoir si tout cela est vrai ou du moins n'a pas changé, nous concluons bruyamment que nous avons cessé d'être un peuple colonisateur et que nous ne pourrons pas le redevenir. On en est généralement persuadé en France, et le monde a failli le croire.

Je ne sais pas si, étant méridional, je suis un peu moins Français, mais je vois les choses tout autrement, et pour moi le spectacle de notre empire colonial, tel qu'il est tant bien que mal devenu, est la source de constatations et d'idées très encourageantes.

Faisons ici quelques remarques.

L'ensemble des possessions que nous avons aujourd'hui constitue le troisième empire colonial que nous fondons depuis deux siècles, alors que ces deux siècles ont été nécessaires à l'Angleterre pour édifier le sien, avec nos dépouilles surtout. Je ne prétends pas par là que nous soyons supérieurs à nos rivaux et que, dans le même intervalle de temps, il soit plus louable de recommencer trois fois la même chose que de l'achever une fois pour toutes. Je constate simplement que notre troisième entreprise témoigne de notre part d'une assez jolie persistance à nous maintenir dans un chemin où nous n'avions trouvé jusqu'alors que des échecs et où nous croyions ne jamais rencontrer de succès. Cela a toutes les apparences d'une vocation ou d'une destinée.

La perte de nos anciennes colonies avait été le fait d'un Régime. Sous notre troisième République, une volonté a suffi pour nous en donner de nouvelles, dignes des autres. C'est Jules Ferry qui, après le traité de Berlin, engagea la France dans les conquêtes coloniales, dans le but pratique de dériver son activité politique et de donner à son industrie, à son commerce, un vaste champ d'action tout nouveau. Ainsi naquit cet empire colonial dont nous devons nous glorifier aujourd'hui.

La Tunisie et le Tonkin en sont les bases splendides.

La Tunisie, qui fortifie notre situation dans la Méditerranée jusqu'à la rendre prédominante, et qui devait servir de clef de voûte, pour ainsi dire, à un vaste empire en Afrique.

Le Tonkin, qui est un pays de riche colonisation, tout en étant une porte ouverte sur la Chine, c'est-à-dire sur la seule réserve que nous garde l'avenir.

Il y avait là les éléments d'un plan admirable, parfaitement conçu, conforme aux destinées comme aux traditions de la France, à son avenir comme à son passé. On n'a eu qu'à le mettre en œuvre; quelques hommes, comme Etienne, en ont le mérite. En moins de vingt ans, ils surent donner à l'idée directrice son plein développement.

Notre empire africain fut fondé, et Etienne en fut le plus grand ouvrier.

En même temps, l'Indo-Chine, en devenant française pour moitié, nous faisait une belle place dans le monde d'extrême Orient. Nous étions partis de rien. Et tout cela a été fait en vingt ans!!! à peine.

En 1884 encore, nous n'avions que quelques terres éparses, sans liens avec la Métropole, sans cohésion entre elles. Je ne parle pas de l'Algérie, qui malheureusement n'a jamais été traitée comme une colonie. Le nombre total des colons était dérisoire ; l'émigration nulle ou presque nulle. Il n'y avait pas, à proprement parler, d'administration coloniale, attentive à la prospérité des colonies ; de politique, encore moins. Durant tout le siècle, nos entreprises dans les pays d'outre-mer n'avaient été que des incidents de notre politique extérieure. L'opinion publique et le commerce, d'ailleurs, s'y étaient, durant la moitié de ce siècle, montrés indifférents, sinon hostiles. La colonisation ne les intéressait pas ; ils en ignoraient même l'existence et tous les problèmes.

Pourtant, nous avions été un peuple colonisateur, et, pour le redevenir, nous n'aurions pas eu besoin de nous mettre à l école d'au tres pays ; nous aurions trouvé dans la France d'avant 1789 les meilleurs exemples. Mais nous avions rompu toute attache avec le passé. En fait de colonisation surtout, les traditions étaient perdues. Si, dans les pauvres annales de notre activité coloniale dans ce siècle, il se trouvait quelques traits admirables, comme l'administration des amiraux en Cochinchine et le fonctionnement des bureaux arabes, c'étaient des exemples isolés, presque des phénomènes, qui avaient passé inaperçus, même aux yeux de ceux dont la charge était d'en tirer des méthodes.

Quand donc, vers 1880, il vint à l'idée de quelques bons patriotes, sages et clairvoyants, de faire une France coloniale, une plus grande France, tout manquait : des terres, des hommes, des méthodes, des aspirations. En moins de vingt ans, nous venons d'acquérir à peu près tout cela. Quelques expéditions glorieuses nous ont donné un domaine territorial immense. Les parties qui le composent n'ont pas, je le veux bien, la même valeur. Ce ne sont pas, comme le disent les manuels trop enthousiastes, des terres illimitées, d'une fertilité prodigieuse. Les trois cinquièmes offrent même, pour le moment, peu d'espoir d'en tirer quelque chose. Mais le reste est admirable et de nature à justifier les plus grandes espérances.

Cette conquête, il est vrai, s'est faite à l'origine sans enthousiasme, malgré une opinion hostile et un Parlement méfiant. Mais l'idée coloniale n'a pas tardé à s'imposer. Elle a d'abord pénétré la science. Dans tous les ordres des connaissances, elle a trouvé ses partisans; elle a pris partout une grande place ; elle a créé sa Presse.

Les Facultés de droit, des sciences, des lettres et de médecine ont presque toutes aujourd'hui des chaires où se traitent, sous des formes différentes, des sujets coloniaux. Le nombre des thèses de doctorat qui se réfèrent à des questions coloniales augmente chaque année d'une façon prodigieuse.

Des conférenciers de grand talent se sont faits les apôtres de cette idée, et l'ont défendue comme une des nécessités de l'avenir. Les maîtres de la plume lui ont apporté leur concours.

Quoique je me sois promis de ne point fatiguer l'attention par une série de citations, je ne puis résister pourtant au plaisir de présenter les paroles d'Alfred Mézières, membre de l'Académie française et du Parlement, président de la Commission de l'armée et de celle de l'armée coloniale, paroles prononcées dans une séance solennelle à la Sorbonne, en faveur du comité Dupleix :

« Nous avons, dit-il, possédé autrefois les plus belles colonies du monde, l'Inde, la Louisiane, Saint-Domingue, le Canada.

« Nous les avons perdues par la faute de la Métropole.

« Nos premières générations de colons étaient admirables : leurs efforts, leur patience, leur industrie nous avaient donné des territoires qu'ils avaient organisés, qu'ils avaient administrés supérieurement ;

« Ce sont nos guerres folles et malheureuses qui ont détruit leur œuvre.

« Aujourd'hui, la situation est tout autre ; les colonies que nous possédons, qu'aucune guerre étrangère ne menacera dans l'avenir si nous savons bien conduire nos affaires extérieures, nous les devons non à l'esprit d'aventure et à l'initiative privée, mais à l'énergie du patriotisme de nos soldats et de nos marins.

« L'armée et la marine ont fait leur devoir, tout leur devoir. La parole est maintenant aux commerçants, aux industriels, aux colons, et particulièrement à la jeunesse française.

« Jeunes gens, qui tenez entre vos mains les destinées de la patrie, voulez-vous vous laisser devancer dans votre propre domaine, voulez-vous que les maisons de commerce qui se créeront en Afrique et en Asie, à l'abri de votre pavillon, portent des noms étrangers ? Alors, continuez à vous endormir mollement dans les douceurs d'une vie paisiblement ordonnée ; continuez à entrevoir à travers vos rêves d'avenir, comme suprême ambition, le traitement assuré et l'avancement régulier du fonctionnaire.

« Mais sachez que dès maintenant la lutte pour l'existence est devenue très âpre, que l'encombrement de toutes les carrières est effrayant.

« Dans la société moderne, il ne reste plus guère de place pour les oisifs. Avec la modicité du taux de l'intérêt et les charges croissantes de l'impôt, les revenus des fortunes moyennes sont en train de s'évaporer.

« Le temps des succès faciles est passé chez nous.

« Dans nos jeunes colonies, au contraire, tout est neuf, la place est à prendre tout entière. Prenez-la donc résolument, avec la certitude qu'en servant votre propre intérêt vous servez en même temps la patrie. »

D'autre part,

L'*Union coloniale française*, dont j'ai le grand honneur d'être un des Vice-Présidents, n'a cessé, depuis sept années qu'elle est fondée, de combattre pour cette idée d'expansion.

Son programme tient en deux lignes : faire l'éducation coloniale du pays et pousser au peuplement des possessions françaises pauvres de main-d'œuvre.

L'Union coloniale travaille à détruire les légendes, combattre les erreurs administratives, renseigner et guider ceux qui songent à aller s'établir aux colonies, et les représenter ensuite dans la métropole.

Mais derrière ce modeste et si utile programme déjà, que de travail, que de propagandes, conférences, écrits, démarches, accomplis par cette Union, sous l'habile et dévouée direction de son Secrétaire général, Chailley-Bert, professeur si compétent, si érudit dans la matière, si zélé ! Aussi, le voyons-nous toujours sur la brèche et en avant garde, combattant tous les jours. C'est l'éducateur infatigable ; que d'idées et que d'initiatives lancées par lui dans la *Quinzaine Coloniale* qu'il dirige, et déjà toutes réalisées !

L'Office colonial ;

Le Congrès colonial de Bruxelles ;

Jardin de Cultures coloniales ;

Le remaniement de l'Ecole coloniale de Paris ; l'enseignement colonial à la Sorbonne ; enfin, les cours de colonisation professés par lui cette année; conférences en province, etc., etc.

Pour tout cela, l'Union coloniale et Chailley-Bert ont bien mérité du pays.

En même temps, l'explorateur Bonvalot, directeur du Comité Dupleix, s'adressant plus particulièrement à la jeunesse française avec *la France de demain*, a, de son côté, bien servi la cause.

Sous ces impulsions si autorisées et si entraînantes, l'opinion publique s'est ressaisie.

Elle envisage maintenant sans aversion et même avec intérêt la nouvelle vocation de la France.

Bien mieux, une opinion coloniale s'est formée.

Elle a longtemps flotté et beaucoup erré, mais elle s'est déjà dépouillée de toutes les idées fausses, de tous les faux axiomes qui ont tant nui, dans ce pays-ci, aux débuts de la colonisation.

Certaines idées, méconnues il y a seulement dix ans, sont acquises maintenant et tendent à leur tour à devenir des lieux communs, mais ceux-là utiles et féconds.

Quand, par exemple, Jules Ferry, Paul Bert, entendaient que les colonies n'eussent d'autre raison que d'être ouvertes, aussitôt que fondées, à l'industrie et au commerce de la métropole, ils se trompaient, et beaucoup les ont suivis.

L'agriculture, dans la colonisation, doit être le premier stade. Pour faire de l'indigène un consommateur et un client sérieux, il faut d'abord l'enrichir, et on ne le peut qu'en lui donnant les moyens d'exploiter de plus en plus utilement les ressources naturelles de la terre qu'il habite, pour lui faire rendre trois fois plus. Cela paraît aujourd'hui une vérité toute simple, mais elle était encore ignorée hier. Elle est en ce moment la base pratique de toute notre colonisation, et les succès se montrent.

C'est ainsi que peu à peu nous arrivons à dégager des principes, à former des méthodes qui redressent heureusement les effets de nos premiers tâtonnements, car nous n'aimons guère, par caractère, à suivre l'expérience des autres et à nous mettre à l'école de quelqu'un.

Nous avons donc ainsi fait notre expérience par nous-mêmes. Étant donné notre caractère, je le répète, il fallait qu'il en fût ainsi. Nous bâtissons sur une table rase, avec des matériaux dont nous éprouvons chaque jour la valeur et la solidité. Félicitons-nous d'avoir si heureusement et si vite surmonté les premières déceptions et les premiers obstacles. Nous sommes à présent dans la bonne voie.

II. — NOTRE ADMINISTRATION

Rien, je crois, n'est aujourd'hui plus décrié que notre organisation et nos mœurs administratives. Rien, en tout cas, n'a été plus attaqué jusqu'à ce jour que les gens et les actes de notre administration coloniale. On en aura la raison quand on se sera dit simplement que cette administration, comme tout en ce monde, subit encore aujourd'hui les conséquences de la triste réputation qui lui vient de ses débuts. Il faut bien le reconnaître, sa première gestion a été dans l'ensemble déplorable. On ne compte pas les erreurs, les maladresses, les négligences, les abus qui la caractérisèrent tout d'abord. Il était juste de dire alors qu'elle constituait le pire obstacle à la colonisation.

Mais on ne pouvait pas attendre de meilleurs résultats d'une administration improvisée en quelques mois et livrée aussitôt à elle-même sans direction, sans méthode. Quand il a fallu pourvoir à l'administration des colonies variées que nous avions conquises coup sur coup, on s'est trouvé devant une entreprise immense, aussi difficile qu'importante, pour laquelle tous les éléments fai-saient défaut. On dut faire flèche de tout bois. Pour organiser et remplir les services, on envoya comme fonctionnaires aux colonies les gens qui se présentèrent, ou qui furent présentés par néces-sité ; et si l'on fit un choix entre eux, ce fut la politique surtout qui y présida. C'était pour la plupart des déclassés, des hom-mes quelquefois discutés, souvent inintelligents, toujours inexpéri-mentés. Leurs actes furent à l'avenant.

Il faut bien dire que les premiers colons qu'ils eurent à admi-nistrer ne leur étaient pas de beaucoup supérieurs. Leur origine était à peu près la même. Les uns étaient des gens sans grands scrupules, sans d'autre idéal que d'exploiter l'inexpérience de l'administration de façon à se faire allouer de fructueuses entre-prises. Comme les gens trop avides, ils étaient insatiables, et l'administration n'arriva jamais à les contenter. Et quand celle-ci, en prenant conscience des intérêts supérieurs de la colonie dont elle était chargée, chercha à se défendre contre ces parasites, ils se récrièrent, protestèrent, et proclamèrent alors que l'adminis-tration française, loin de favoriser la colonisation, ne faisait que l'entraver.

Les autres, ceux qui étaient accourus aux colonies comme en un eldorado où la seule fécondité du sol leur assurerait une for-tune bientôt faite, rendirent naturellement l'administration respon-sable de leurs mécomptes et de leurs premiers échecs. Ils voyaient en elle la suprême ressource, la réparatrice de toutes les infortunes. Ils lui demandèrent sous toutes les formes, secours et appui. Et, comme elle était dans l'impossibilité de les leur fournir, ils s'unirent au concert de blâme.

Le blâme a longtemps duré. Il subsiste encore, sous sa forme primitive, dans l'esprit de bien des gens. Mais, heureusement, il est devenu aujourd'hui tout à fait injustifié.

En ces dernières années, les plus heureuses améliorations ont transformé la composition, l'esprit et les procédés du corps de nos fonctionnaires coloniaux. C'est un fait qui, bien que contraire à la croyance commune, est la vérité même ; il est temps de le proclamer.

A la tête de toutes nos colonies se trouvent aujourd'hui des gouverneurs distingués et compétents. Il n'y a pour en donner la preuve qu'à citer les Doumer, les Galliéni, les Ballay, et tant d'autres. Sous leurs ordres agissent des fonctionnaires dévoués et expérimentés, au milieu desquels disparaissent quelques rares exceptions. L'École coloniale, qui les recrute, a cessé d'être une institution dirigée par des soucis purement politiques, pour devenir un établissement pratique, d'où sortent chaque année les meilleurs sujets. Le Gouvernement lui-même s'est enfin décidé à s'occuper activement de la colonisation proprement dite des territoires dont il a la garde, et s'associe à tous les efforts tentés partout pour y intéresser de plus en plus le commerce et l'industrie.

Grâce à ces influences, notre Administration coloniale paraît maintenant à la hauteur de sa tâche. Elle est partie de très bas, mais elle s'est très vite élevée. Au lieu d'y voir comme jadis une entrave plus ou moins inconsciente à la colonisation, on y trouve aujourd'hui une aide intelligente et bienveillante, qu'on ne fera qu'encourager en cessant de la traiter en ennemie. Plus haut, dans l'Administration supérieure de la Métropole, là aussi un grand progrès s'est accompli. Quand les Ministres passent, les bureaux restent, et au Pavillon de Flore nous avons maintenant les hommes les plus remarquables, ayant fait leurs preuves, et vu par eux-mêmes les pays qu'ils dirigent.

Il est à remarquer que cette évolution ne s'est pas faite isolément, et que l'Administration s'est améliorée dès que le colon s'est amélioré lui-même. Il en sera toujours ainsi. Dans le domaine colonial, comme en politique, nous n'aurons jamais que l'Administration que nous aurons su gagner. Elle ne deviendra excellente que lorsque les colons seront excellents et sauront la façonner à leur image. Etendons-nous, créons, colonisons ; rien alors, pas même l'Administration française, ne pourra résister à la poussée des intérêts qui en résulteront. C'est de nous et non de l'Etat, c'est de la famille, des maisons de commerce et d'industrie françaises, plutôt que des pouvoirs publics, que dépend la solution heureuse de la question coloniale.

III. — NOS CAPITAUX

On dit, et on ne saurait trop répéter, que les capitaux, et de gros capitaux, sont indispensables à la colonisation, et que, sans eux, nos colonies ne pourraient prospérer, ni même vivre. Or, nous voyons que celles-ci vivent et commencent à prospérer ; serait-ce que les capitaux, cet élément indispensable, ne leur font pas autant défaut qu'on le croit généralement ?

Effectivement, l'argent français a cessé de se dérober ; il a perdu la défiance qu'il témoigna pendant si longtemps dans ce pays pour toute entreprise coloniale nationale. Et, s'il ne s'offre pas encore de lui-même, il est devenu assez facile de l'attirer, ce qui est tout comme, au point de vue des résultats. Plus de 250 millions de francs ont déjà trouvé leur emploi aux colonies dans des entreprises privées, agricoles, commerciales ou industrielles :

Tonkin	60 à 80 millions.
Congo.	60 millions.
Madagascar	40 —
Tunisie	50 —
Nouvelle Calédonie	5 —
Afrique occidentale	40 —
	255 millions.

C'est un chiffre qui, en très peu de temps, sera très largement dépassé. Tel qu'il est en ce moment, il est faible sans doute, si l'on tient compte de l'étendue et des ressources de nos colonies, de ce qui est à faire pour les mettre en valeur, et si on le compare aux sommes énormes que d'autres peuples, les Anglais surtout, ont placées dans la colonisation. Toutefois, en toutes choses, nous devons voir clair et ne pas nous laisser éblouir par les apparences.

Les Anglais ont toujours aimé faire grand, plus grand souvent qu'il n'est nécessaire. Leur procédé traditionnel d'exploitation coloniale, par grandes Compagnies à charte, ne pouvait d'ailleurs pas être pratiqué sans de vastes capitaux. Ceux-ci n'ont jamais fait défaut ; ils ont même afflué en dépassant souvent les demandes ; toutes les Compagnies existantes ont été dès leur naissance richement pourvues.

Les capitaux, en Angleterre, se sont toujours montrés aussi patriotes, aussi « jingoës » que leurs propriétaires. Ils sont aujourd'hui aussi impérialistes. Ce furent les meilleurs auxiliaires des fondateurs de la plus grande Bretagne. Car il est remarquable que les marchands anglais, qui sont si pratiques, si réalistes dans leurs affaires, ne craignent pas de se laisser entraîner, d'aventurer leur argent dans les entreprises coloniales les plus hasardeuses, les plus démesurées, les moins rémunératrices. Il n'y a donc pas à s'étonner outre mesure de tout ce qu'a pu faire l'Angleterre, quand on voit la puissance financière d'un tel pays entièrement au service de l'idée coloniale. C'est ainsi qu'ont pu naître et se développer ces puissantes Compagnies de colonisation, presque souveraines, qui sont entrées pour une si grande part dans la vie extérieure de l'Angleterre ; trop puissantes même, quand on songe que, par suite de l'importance des intérêts et des personnalités qui les composent, elles sont souvent de force à entraîner un gouvernement aussi sage, aussi réfléchi que le Gouvernement anglais, dans les pires aventures. Nous avons tous présente à l'esprit la guerre actuelle, qui, à bien des égards, est due aux besoins et aux menées de la Chartered de M. Rhodes.

Sans trop insister sur le côté dangereux des Compagnies de colo-

nisation, devons-nous regretter de n'avoir pas utilisé le même instru-
ment pour la mise en valeur et l'exploitation de nos jeunes colonies ?
Encore une fois, nous n'aurions pas eu besoin d'imiter l'Étranger,
Nous n'avions qu'à reprendre les traditions de notre passé colonial,
que l'on a ailleurs imité, et à donner aux anciennes Compagnies
françaises des Indes, des Antilles et de la Louisiane, des petites-filles
telles que des Compagnies de Madagascar, du Congo ou de la Gui-
née. On y a pensé : mais on a cru qu'on pouvait difficilement y
réussir, parce que la création de grandes Compagnies aussi puissantes, d'organes aussi indépendants, a paru une chose inconciliable
avec les prétendus grands principes de notre démocratie, et en tout
cas incompatible avec nos mœurs politiques actuelles. D'autre
part, l'échec très possible, dès le début, de l'une de ces Compagnies
dans ce pays si impressionnable, si calomniateur et si vite décou-
ragé, eût porté sans doute, pour l'avenir, une funeste atteinte à la
cause de la colonisation.

Dans la France contemporaine, il n'y a donc pas eu de grandes
compagnies pour drainer les capitaux avec fracas et réclame.

C'est ce qui a fait croire que l'argent français était réfractaire
à toute colonisation, et, en fait, il s'abstint pendant longtemps. Il
ne faisait qu'attendre. Dès que nos colonies furent suffisamment
connues, que l'inventaire de leurs ressources fut tant bien que
mal établi, et que la nature des entreprises utiles qui pouvaient y
être tentées put être pratiquement indiquée, on le vit sortir de sa
réserve, entrer en discussion avec les créateurs d'affaires et accepter
la plupart des propositions qui lui furent faites.

Je ne veux même pas parler ici des emprunts coloniaux, malgré le
succès que vient de remporter l'un d'eux, celui de l'Indo-Chine. Ce
sont là des opérations dont la réussite prouve sans doute la confiance
que sont arrivées à inspirer nos possessions les plus lointaines, mais
qui, dans l'esprit de la plupart des souscripteurs, ne présentent
qu'un intérêt d'ordre financier, en leur offrant un placement sûr.

Je m'attache surtout à la colonisation, à l'exploitation directe des
différentes ressources de nos colonies par des capitaux privés. Eh

bien, dans cet ordre d'idées, depuis quatre ou cinq ans, nous assistons à une véritable floraison d'affaires. Chaque année un plus grand nombre de concessions agricoles sont demandées à l'administration ; toutes sont munies de capitaux suffisants. Des Sociétés commerciales ou industrielles se sont déjà fondées en grande quantité. Toutes promettent d'être prospères. Nous sommes à Lyon; j'ai à peine besoin de dire que la plupart d'entre elles y sont nées. On peut assurer maintenant qu'il n'y a pas un homme sérieux, compétent et inspirant confiance, qui ne puisse arriver à se procurer le concours de capitalistes pour n'importe quelle entreprise coloniale modeste, bien étudiée.

Ce mouvement des capitaux vers les colonies était fatal. Il ne peut que continuer et même s'accélérer, à mesure que les colonies seront mieux connues. Seulement, voyez bien la différence. En Angleterre, leur exode a été apparent et s'est fait par grandes masses, de façon à outiller tout d'un coup toute une colonie. En France, l'argent est plus timoré, et comme d'ailleurs il n'a pas trouvé tout de suite les immenses placements qu'auraient pu lui offrir de grandes Compagnies de colonisation, il s'est réservé et a attendu que des affaires déterminées vinssent successivement le solliciter. Il sort ainsi sans bruit, par « petits paquets », et ce procédé, ainsi qualifié, n'a dans l'espèce aucun désavantage, pourvu qu'il ait un champ d'application de plus en plus étendu. Il est bon même qu'il garde toujours la même prudence. Un exemple récent a prouvé en effet que, contrairement à ce que j'ai dit — mais la contradiction existe un peu dans tout ce qui est français — il est susceptible d'engouement et de témérité. Je ne vois pas effectivement sans appréhension le nombre des Sociétés qui viennent de se fonder en quelque temps pour l'exploitation de notre Congo français, et l'afflux inconsidéré, vers ces régions encore peu connues et peut-être surfaites, de capitaux considérables. En toute voie, même la bonne, il faut se garder de marcher trop vite, et se défendre des exagérations.

IV. — NÉCESSITÉ D'UN ENSEIGNEMENT COLONIAL

Nous avons des colonies; il y en a d'excellentes ; nous commençons à nous y intéresser, chose capitale en France ; l'administration s'y améliore, les affaires y naissent, les richesses s'y découvrent, les capitaux s'y portent. Que faut-il encore?

La chose la plus commune et la plus rare : des hommes.

Non pas que nos colonies soient dépourvues de colons. Elles en comptent déjà beaucoup de bons et même de très bons, et le nombre des Français qui quittent la mère patrie pour s'y installer va chaque année en augmentant. Cela est d'un excellent augure. Oui, il y a aujourd'hui un courant d'émigration pour les colonies bien accentué ; il ne peut que progresser ; mais c'est surtout la colonisation agricole, dans les quelques colonies susceptibles de faire vivre une population blanche permanente, que ce courant tend à alimenter, et je n'envisage pas ici ce point de vue de l'émigration.

C'est en négociant que je pense et en homme d'affaires que je parle.

Je considère dans la colonisation le côté commercial et industriel, lequel intéresse le plus Lyon.

A ce point de vue surtout, le besoin de sujets se fait sentir, et encore en cela, ce n'est pas de la quantité qu'il faut se préoccuper car nous l'avons, elle vient à nous de plus en plus chaque jour ; c'est de la qualité.

Pour les affaires qui se créent dans nos colonies comme dans tous les pays nouveaux, il faut d'excellents éléments de direction.

Or il nous manque absolument cette élite d'hommes de commerce.

Il nous faut des sujets ayant non seulement le goût, mais la pratique des affaires coloniales.

Remarquons que dans les vastes champs d'expansion qui nous sont ouverts en Chine, comme en Indo-Chine et à Madagascar, nous nous trouvons en face de populations ayant déjà une civilisation propre et un commerce établi. D'autre part, il nous reste des richesses immenses, inconnues, encore à découvrir, à mettre en valeur, un commerce international et des industries à créer.

Pour cela, il faut que les agents préposés à la direction de comptoirs si éloignés de nous puissent se suffire à eux-mêmes, et que, par leurs connaissances acquises, appuyées sur un jugement déjà formé, ils soient en mesure de faire face à des affaires de tous genres, sous la forme et au moment même où elles se présentent.

Ils doivent donc posséder d'abord en théorie toutes les notions générales qui permettent d'apprécier et de traiter les choses courantes de la vie des affaires.

Plus que dans la mère patrie encore, ce sont de jeunes hommes d'élite qu'il faut. Voilà une vérité qu'on n'a point assez aperçue jusqu'ici, mais que la pratique et l'expérience nous indiquent.

Jusqu'ici, aller vivre et travailler aux colonies a paru être une dernière ressource de la vie et un pis aller. Eh bien, non ! Ce sont des hommes de grande valeur qu'il faut, et qui, par contre, pourront plus aisément qu'ailleurs acquérir la fortune. Et quand le public sera bien convaincu de cette grande vérité, nous verrons venir à nous les fils de famille ; et si, comme le dit M. Mézières, ils restent indolents, le devoir de ceux qui ont la charge de l'avenir du pays est de préparer la place pour ceux qui ont été moins favorisés par leur naissance et qui ne demandent et ne cherchent qu'à payer de leur personne pour se créer une carrière.

Dès aujourd'hui, ces hommes formés et de valeur, nous les cherchons, mais en l'état actuel des idées et des choses, nous ne les trouvons pas.

Et cependant, je le répète, ils sont devenus indispensables ; sans eux, les bonnes volontés créatrices, malgré les capitaux dont elles ont l'emploi, ne pourront jamais faire qu'œuvre imparfaite, souvent stérile.

Comment pourrons-nous nous les procurer ? En les formant, et il suffira pour cela de donner un objectif précis et des moyens suffisants aux jeunes gens qui viennent en foule, maintenant, nous offrir leur intelligence et leur bonne volonté, de la façon la plus simple et la plus inconsciente.

Il faut qu'à cette proposition de chaque jour, devenue lassante : « Monsieur, je cherche une situation, je n'en trouve guère. Je suis bachelier (et quelquefois même licencié), on m'a parlé des colonies, je voudrais partir pour les colonies ; n'importe laquelle ; quand, où et comme il vous plaira, et pour y faire ce que vous voudrez. » Ce qui est trop et pas assez à la fois ; il faut qu'à ces solliciteurs, dont un bon nombre sont des plus intéressants et des plus méritants, nous puissions répondre :

« Oui, vous pouvez trouver situation aux colonies; mais avant, il est utile que vous sachiez ce que sont les colonies; il est nécessaire que vous vous spécialisiez à l'une d'entre elles, et que vous appreniez bien ce que vous aurez à y faire. »

Nous nous en trouverons mieux les uns et les autres.

Il y a deux moyens de former, d'instruire des jeunes hommes : la vie ou l'expérience pratique, l'école ou l'enseignement de connaissances appropriées.

Voyons, si vous le voulez bien, l'efficacité de l'un et de l'autre moyen au point de vue colonial.

Allons-nous mettre tout de suite notre bon jeune homme aux prises avec les nécessités et les difficultés de la vie coloniale ?

Allons-nous tout de suite employer ses facultés un peu frustes, inadaptées pour ainsi dire ?

Allons nous sur-le-champ le lancer dans le milieu, dans les fonctions que nous lui destinons, comptant qu'il y fera lui-même son expérience ?

C'est l'expédient auquel nous sommes forcés aujourd'hui d'avoir recours.

Il donne, je l'avoue avec tristesse, bien des mécomptes, et il ne peut produire, en l'état actuel des choses, que de mauvais résultats.

Nous ne devons donc pas continuer ainsi. L'Administration, nous l'avons vu, s'est en très peu de temps très sérieusement amendée.

Elle nomme maintenant des fonctionnaires qu'elle forme en grande partie dans une école spéciale et qui sont absolument dignes des colonies où ils sont envoyés. Nous devons, nous aussi, hommes d'affaires, industriels, capitalistes, négociants, suivre la même voie, disposer d'agents qui fassent honneur aux affaires que nous leur confierons, et les former, comme le fait l'Administration pour les siens, dans la Métropole même.

Si l'on objecte que les Anglais obtiennent d'excellents agents, par la simple pratique des affaires, je répondrai :

C'est que, outre de multiples considérations, telles que l'absence du service militaire, l'organisation et l'esprit si simple de leur enseignement secondaire, on ne se rend pas compte de la supériorité qu'ils retirent de leur avance sur nous et de leurs mœurs familiales.

Les Anglais n'ont pas besoin d'école ; leur meilleure école, c'est la famille répandue, distribuée déjà sur le globe ; c'est la tradition, et l'atavisme.

L'avance des Anglais sur nous, ce sont encore leurs colonies mêmes, cultivées, préparées depuis deux et trois siècles, toutes faites aujourd'hui, entièrement organisées, dont les ressources, les richesses sont parfaitement connues, et pour lesquelles les fortunes qui s'y sont déjà gagnées sont la meilleure des réclames. Il ne s'agit plus alors, pour eux, que de continuer et de développer ce qui existe déjà : les hommes qu'ils emploient ont d'avance une place fixée et une tâche bien déterminée à remplir.

Je connais des familles anglaises et je me les représente à l'esprit en ce moment. Dans l'une d'elles, les deuxième, quatrième et cinquième fils ont leur destinée déterminée d'avance : l'un partira pour le Cap, afin d'y rejoindre un oncle qui l'a demandé ; un autre pour la Chine, afin d'y retrouver un frère aîné qui a déjà carrière brillante ; le dernier, neuf ans à peine, décidé par l'exemple de ses frères, veut être marin, pour aller constamment, dit-il, voir les siens au loin. Ces trois enfants sont élevés et dirigés par leurs parents, par leur mère, dans cette idée, et bien jeunes encore ils sont prêts à partir.

Dans ces conditions, je le reconnais, il n'y a pas d'enseignement plus complet, plus parfait, plus efficace que ce séjour immédiat aux colonies, car rien n'est mieux que l'air ambiant des affaires.

Evidemment nous ne pouvons pas encore nous flatter d'être dans ces bonnes conditions. Mais, à part l'éducation première, l'éducation familiale, moins favorable chez nous, à part notre préparation physique moins grande, il ne faut pas exagérer l'avance qu'ont sur nous nos rivaux anglais, et leur accorder une supériorité invincible. Car, nous avons, par contre, des qualités morales qu'ils n'ont pas, une culture de l'esprit, une ingéniosité, une initiative, un élan, une souplesse de pensée, une spontanéité de décision, une faculté d'affinité avec l'indigène qu'ils n'ont pas ; et quand nous aurons ajouté à ces mérites incontestables, l'enseignement, la préparation spéciale que je préconise, nul doute que nous n'ayons bientôt des chefs d'entreprises au moins égaux aux leurs; et alors, dans vingt ans encore, quarante peut-être, après deux générations, la France sera plus grande, car elle aura à son tour des traditions qui seront les meilleurs instruments de son expansion économique.

Mais aujourd'hui tout est à faire pour nous. Nos colonies sont neuves ; elles sont en pleine organisation, leurs ressources ne sont connues que pour partie. Les entreprises qui seules pourront les révéler se forment à l'heure actuelle ou ne sont encore qu'en projet, nous créons à peine les affaires et l'outillage qui doivent nous permettre de marcher en avant.

Nous ne pouvons donc pas compter sur ces affaires pour nous former un personnel, puisque, au contraire, nous avons besoin d'un personnel pour les fonder.

S'il en est ainsi, je ne vois plus qu'un moyen pour résoudre le problème qui se pose et que j'appellerais volontiers le problème de la main-d'œuvre commerciale aux colonies. C'est l'enseignement dans la Métropole, un enseignement qui puisse, dans le minimum de temps, constituer une phalange d'agents suffisamment instruits et préparés pour être bons à employer dès demain aux colonies, et y devenir bientôt des directeurs ou des créateurs d'affaires.

Car étant donné l'évolution rapide des pays neufs, les créations à faire se multiplient sans cesse ; il faut être toujours prêt à marcher en avant. C'est donc un état-major à former, une pépinière de chefs qu'il faut préparer au plus vite.

J'éprouve le besoin de m'étendre plus longuement encore sur cette question de l'enseignement colonial. Car j'attache à sa solution une importance si essentielle, que je considère qu'il n'y a rien à faire sans lui. Et je m'en voudrais alors de terminer cette causerie, faite d'idées générales, sans présenter une pensée, pratique, utile, susceptible d'une réalisation presque immédiate.

La Chambre de commerce de Lyon, pénétrée de la même idée et de sa nécessité, toujours à l'avant-garde pour tout ce qui peut aider à la prospérité de la région à la tête de laquelle elle se trouve, a pensé qu'il n'y avait pas de temps à perdre, et que, dans la mesure du possible, il fallait tout de suite commencer quelque chose, qui frappe l'opinion publique et qui encourage les vocations ; de là, la création de ces cours coloniaux qui se professent le soir, et qui sont régulièrement suivis par quelques jeunes gens assidus : cours d'histoire, de géographie, d'hygiène, de culture, d'agriculture, de langue anglaise et de langue chinoise. C'est peu si l'on a en vue un enseignement pratique qui doit tendre à former des aptitudes au négoce colonial et à façonner des chefs. C'est beaucoup pour le cerveau des jeunes auditeurs qui, en si peu de temps, à une heure aussi avancée de la soirée, après une journée de travail, ont tant de matières diverses à mettre à la fois dans leur esprit. Mais c'est quelque chose, c'est un commencement, c'est une entrée en matière, c'est un appel à l'attention publique, c'est une préparation pour l'avenir ; l'année prochaine déjà l'on pourra faire plus, et nous devons nous montrer reconnaissants envers la Chambre de commerce de Lyon pour l'œuvre utile et bienveillante qu'elle tente d'accomplir en faveur de nos idées de colonisation.

Mais vous comprendrez aisément que c'est d'une autre nature que je conçois un enseignement colonial.

Des études plus complètes sont nécessaires pour former des

esprits accomplis, qui doivent être, quoique très jeunes, livrés à eux-mêmes et appelés toujours à faire face à tous les problèmes de création et à toutes les difficultés d'exécution à résoudre.

Quels doivent donc être les caractères de cette préparation ?

Il ne m'appartient pas de tracer ici un programme fixe et précis, ni de déterminer le nombre d'élèves qui pourront être admis dans ces écoles. Je tiens seulement à indiquer en grandes lignes les principes, les bases sur lesquelles je voudrais voir reposer cet enseignement.

Tout d'abord, il devra s'adresser à des jeunes gens formés, ayant satisfait aux obligations du service militaire, comprenant déjà les rigueurs et les nécessités de la lutte pour la vie, et décidés à adopter la carrière coloniale pour leur avenir. Il ne faut pas songer à envoyer dans les colonies ou les pays que nous avons en vue des sujets trop jeunes, peu formés encore; d'autre part, les études que je vais préconiser pouvant faire très vite des sujets aptes à des emplois supérieurs, il est bon qu'ils aient déjà une certaine maturité d'esprit.

Cet enseignement sera complet, il devra constituer quelque chose d'organisé, d'ordonné, de cohérent.

Les cours, les leçons qui le composeront devront s'enchaîner et se compléter, de façon à former un ensemble qui réponde à toutes les exigences du commerce et d'une industrie. Deux années d'études avec cinq heures de cours par jour seront indispensables pour cet enseignement colonial supérieur.

Les langues étrangères avant tout devront en être la base, et comme nous allons dire tout à l'heure que l'École coloniale lyonnaise devra plus spécialement former des sujets pour l'Asie et les pays d'Extrême-Orient, c'est l'anglais, le chinois, l'annamite, qui devront particulièrement être enseignés, et cela d'une façon complète, pour que l'élève, à sa sortie, puisse en anglais tenir une conversation aisée, et faire une composition écrite parfaite ; en langue orientale, il devra pouvoir suffire à ses besoins, et pour cela, comme M. le professeur Courant en donne l'assurance, deux ans d'étude seront suffisants.

Un cours d'anglais et un cours de langue orientale devront donc être professés chaque jour. La comptabilité devra être enseignée à fond ; la correspondance devra se pratiquer couramment ; quelques leçons sur l'histoire, la géographie, la géologie, l'organisation administrative de nos colonies et des pays d'Asie seront en outre très utiles.

Ajoutez-y un cours d'éthnographie coloniale, dans lequel je ferai entrer l'étude de l'hygiène, des mœurs, du caractère, de l'organisation politique, des goûts, des besoins, des habitudes commerciales des indigènes qui sont plus ou moins sous notre juridiction ; un cours d'économie politique appliquée aux choses coloniales, et se référant surtout aux questions douanières, aux poids et mesures, aux monnaies, au change ;

Comment les Chinois pratiquent l'association, le rôle des congrégations, du banquier, du compradore chinois, etc. ; quelle place très grande tient dans le commerce au Tonkin la femme annamite ; quelles ressources dès lors on pourrait en tirer ; il y a là des questions qu'il faudra étudier.

Où apprendre tout cela aujourd'hui ? Et pourtant quelle préparation utile, quel temps gagné pour celui qui l'aura acquis avant de partir.

Le dessin linéaire et l'étude du lever des plans auront également leur place.

Les élèves, instruits déjà sans doute de notions générales de chimie, de physique, devront les revoir et les perfectionner, sur les points qui sont le plus susceptibles d'être utilisés là-bas ; un peu de minéralogie, quelques aperçus sur l'exploitation d'une mine et les recherches d'un gisement.

Enfin, grâce à un musée des produits coloniaux de matières premières et de tissus européens toujours renouvelés, l'élève devra se familiariser avec les principaux articles textiles et tissus qui doivent former l'objet des opérations de commerce qu'il fera plus tard.

Puis, par des cours commerciaux professés par des hommes d'expérience et des négociants même, et qui seront de véritables leçons de choses, il acquerra l'art du négoce.

Où se donnera cet enseignement ainsi conçu? Dans une école spéciale, ou dans une section ajoutée à une école déjà existante?

Sous quelque toit qu'il soit donné, cet enseignement devra être distinct et imprégné pour ainsi dire de l'esprit colonial.

Mais, ce n'est pas tout. Il n'aura de valeur et ne produira de résultats effectifs, que si les hommes que nous en chargerons présentent eux-mêmes les qualités d'esprit pratique et de vocation coloniale que seule peut donner l'expérience.

Il faudra que, pour certaines connaissances, ces hommes aient vu et pratiqué eux-mêmes tout ou partie des choses dont ils parleront ; ils devront être, chacun dans sa spécialité, des professionnels de la colonisation.

Cependant, au début, il y aura grand profit à s'assurer le concours de quelques maîtres, ayant par métier l'art et l'habitude de professer ; on leur attribuerait les cours les plus généraux, les cours classiques, comme l'économie et la législation coloniales, l'organisation administrative de nos colonies, les sciences naturelles.

Ces professeurs offriraient aux autres, dont nous allons parler, des points d'appui et une méthode ; ils formeraient le cadre ferme qui fixerait tout l'ensemble.

Mais, cette restriction faite, je reviens à mes prémisses : pas de maîtres d'école, pas de théoriciens, mais des professeurs pratiques, ayant pratiqué.

Maintenant que les colonies occupent et intéressent beaucoup de monde, il ne serait pas trop difficile de les trouver.

Pour les cours commerciaux, pour la description des produits, nous pourrions en rencontrer quelques-uns parmi nous. Croyez-vous que parmi ceux qui, dans notre cité, entretiennent des relations suivies de commerce et d'affaires avec l'une ou l'autre de nos colonies, avec les Indes, l'Indo-Chine, la Chine ou le Japon, on ne trouverait pas de merveilleux vulgarisateurs et d'excellents conseillers pratiques ; et quelques leçons d'eux suffiraient, frappant bien mieux l'esprit de ces jeunes gens.

Mais pour toutes les autres notions préparatoires à acquérir, nous ferions très aisément d'excellentes recrues dans l'élite de ces fonctionnaires coloniaux, Résidents ou Commissaires de quelque ordre que ce soit, qui chaque année reviennent en France, pour un congé plus ou moins long ou leur retraite précoce.

Ces gens-là, dans leur simplicité, réuniraient bien mieux que le plus grand théoricien les conditions désirables, qui sont surtout, je le répète, la compétence et le sens pratique.

Ils n'enseigneraient que ce qu'ils auraient appris *de visu* et par eux-mêmes.

Ils ne parleraient que de régions où ils auraient vécu, de mœurs et de coutumes d'indigènes qu'ils auraient eus sous leur administration directe, d'affaires qu'ils auraient étudiées et pratiquées, de produits qu'ils auraient vus pousser et consommer : ce seraient les meilleurs guides qu'il soit

Ils s'adonneraient à ces fonctions passagères avec d'autant plus de zèle et de dévouement qu'ils y verraient une façon intelligente et même lucrative d'occuper leurs loisirs, de se faire connaître et d'acquérir ainsi une notoriété des plus favorables à leur avancement.

Dira-t-on que ces fonctionnaires ne pourront jamais faire que des professeurs temporaires, soumis à de fréquents remplacements ?

Pour ceux qui utiliseront là un congé, oui ; mais c'est précisément ce qu'il faut, car du train que prennent les choses, il ne sera bientôt plus possible d'être au courant de la vie, des besoins commerciaux d'une colonie, quelques années seulement après l'avoir quittée.

Il faudra même que ceux qui auront la charge de la direction de cette École veillent au renouvellement fréquent du personnel enseignant, et s'assurent d'avance, en se tenant toujours en relations avec l'administration supérieure de chaque colonie, de nouvelles recrues. Je suis persuadé que nous n'aurons le plus souvent que l'embarras du choix.

Et alors, au bout de quelques années, quels correspondants utiles pour l'École, que tous ces hommes qui y auront enseigné; quelle aide, quelles facilités n'offriraient-ils pas là-bas à leurs élèves et à tous ceux qui plus tard sortiraient de l'École !

Enfin, j'ajouterai une dernière condition. Elle n'est pas indispensable, mais elle a l'importance que lui donneraient ses effets pratiques. Grâce à elle, il serait possible de donner aux idées que je vous propose une application très prompte. Il serait désirable que l'enseignement qui nous occupe soit *spécialisé*, et, dans une certaine mesure même, *localisé*.

Notre empire colonial est très vaste, et les régions qui le composent sont de nature, de populations, de productions tout à fait différentes. Songer à créer une école unique qui instruise sur toutes nos colonies serait tenter une impossibilité.

A part quelques connaissances générales qui seraient communes, il faudrait donc organiser presque autant d'enseignements qu'il y a de colonies à décrire. Les dimensions, les difficultés et les lenteurs d'une telle entreprise, si on cherche à la poursuivre en bloc, nuiraient beaucoup à la rapidité et aux nécessités pratiques qui, à mon avis, doivent présider à son exécution. Aussi me semblerait-il bon de faire dans la liste de nos colonies des groupements, suivant les ressemblances et les affinités raisonnées qui peuvent exister entre quelques-unes d'elles, et de résoudre séparément, pour chacun de ces groupes, la question que nous exposons en ce moment.

Il est une constatation qui milite en faveur de cette solution ; c'est que certaines colonies, parmi les plus importantes, ont déjà dans la métropole certaines régions, certains centres d'affaires bien déterminés, qui s'intéressent plus particulièrement à elles, et ont avec elles plus d'affinités. Ainsi, c'est Marseille qui a le plus de rapports avec nos établissements de l'Afrique occidentale. Et Lyon, pour des raisons que tout le monde connaît, regarde de préférence les pays d'Extrême-Orient, Bordeaux, le Havre, Rouen ont aussi leurs relations plus naturelles, et auraient leurs écoles. La répartition de notre enseignement, ou plutôt de nos enseignements, se trouve donc ainsi tout naturellement indiquée. Dans le plan que je propose, Lyon, comme de juste, prendrait les devants, et se donnerait une sorte d'école où on s'initierait plus spécialement au commerce chinois et à la colonisation commerciale de l'Indo-Chine. Cette école serait en relations directes et permanentes avec ces pays ; elle y puiserait tous ses éléments constitutifs. Il faut que le Gouvernement de l'Indo-Chine lui porte déjà beaucoup d'intérêt et en apprécie l'utilité, pourqu'il offre à la Chambre de commerce, comme il le fait, une subvention importante qu'il est tout disposé à doubler si c'est utile.

Une pareille institution accentuerait encore la spécialité de notre ville. Celle-ci, à mon avis, n'y trouverait qu'avantage. Car je voudrais voir Lyon, ou plutôt tout le centre économique qu'il représente, avec son grand commerce et ses grandes industries, attiré et tourné plus spécialement vers ces pays de l'Extrême-Orient, comme Marseille et toute la région méditerranéenne de la France l'étaient aux siècles derniers, vers les pays d'Orient. Ils y trouveraient, j'en suis sûr, la même prospérité.

Pas une ville comme Lyon, cette grande cité, laborieuse et entreprenante, que Funck Brentano dénomme « *la métropole commerciale de la France* », pas une ville, dis-je, même Paris, n'est mieux préparée pour fonder, rendre pratique et prospère un enseignement tel que celui que je préconise, et former les vocations que nous cherchons.

Lyon, au centre d'une grande région industrielle, possède tous les éléments d'étude et d'instruction possible : soie, soieries, coton, cotonnades, teintures, apprêts, produits chimiques, métallurgie, mines, tréfileries, ateliers et chantiers de construction, banques de premier ordre, école centrale, école de mines, école de commerce, de la Martinière, d'enseignement professionnel, école de médecine, de pharmacie, institut chimique, jardin botanique, école d'agriculture, etc.

Tout se trouve réuni sur cette place.

Il y a là, pour des élèves, un ensemble de leçons de choses incomparable. Les plus laborieux, en contact avec le monde des commerçants et des industriels, se feraient vite connaître et apprécier, et une fois connus, ils trouveraient tout naturellement, au jour décisif, les appuis, les relations et les capitaux suffisants pour les aider à partir, à s'installer et voler de leurs propres ailes.

Je puis prédire que le succès de cet enseignement serait assuré, car il répond à une nécessité impérieuse : nous faire des hommes, ce qui, je le répète, est la seule chose qui nous manque encore pour assurer la prospérité de nos grands établissements. Ces hommes, j'en suis sûr, trouveraient bien vite carrière, et je ne crois pas trop m'avancer en disant, sans me préocuper des actes de l'initiative privée, que dix jeunes gens au moins, par an, trouveraient une situation assurée par le fait seul de la notoriété acquise par l'école.

Car, que d'affaires, que d'entreprises à créer dans des pays représentant des espaces aussi immenses et des populations aussi denses que la Chine, les pays de l'Indo-Chine !

L'occupation de Madagascar, l'ouverture de la Chine, sa pénétration par le Tonkin sont aujourd'hui choses faites ; hâtons-nous de prendre place, de planter nos jalons, de nous établir dans les grandes villes parcourues par la Mission lyonnaise du Yunnam, du Setchouen, des deux Quangs, si nous ne voulons pas nous laisser supplanter par nos rivaux.

Formez des sujets, et vous verrez les affaires se multiplier à l'infini dans ces pays si riches.

L'Allemagne vient de fonder sa première école coloniale ; l'Empereur en a été le premier souscripteur.

L'Angleterre elle-même, malgré son avance sur nous, reconnaît aussi la nécessité d'une école commerciale coloniale.

La Russie, la plus hardie peut-être des nations de notre époque en matière d'expansion, vient courageusement de créer la sienne à Pékin.

Celle que nous préconisons ici, qui est attendue, demandée par tous, sera la première de son genre en France. Il appartient à la ville de Lyon de l'avoir, et c'est son devoir de la faire elle-même.

CONCLUSION

Je termine, et je suis tenté de finir, comme j'ai commencé, en me réjouissant, tout bien examiné, de l'état actuel de nos colonies, et de la place que nous avons prise dans le monde nouveau depuis vingt ans. Je ne prétends pas que tout soit parfait, et nous ne pouvons penser à nous reposer sur des lauriers dont la cueillette n'est pas encore faite. Il y a encore quelques lacunes à combler ; je vous ai indiqué le moyen qui me semble le plus efficace pour combler la principale d'entre elles. Mais nous devons y procéder nous-mêmes.

Dans ce programme d'un enseignement colonial, je ne prévois aucun recours à l'Etat. Au point où nous en sommes, l'Etat est bien près d'avoir accompli sa tâche. S'il a encore quelques progrès à réaliser, quelques utiles mesures à prendre, c'est seulement en ce qui concerne des questions comme la défense des colonies, l'amélioration du système douanier, l'organisation de la main-d'œuvre coloniale, la confection des grands travaux publics, lesquelles sont réellement de son ressort. Pour tout le reste, il faut que chacun vienne collaborer à l'œuvre commune ; il faut, au moins, que tous renoncent à opposer aux progrès accomplis et à accomplir de sottes théories, de vieilles idées qui n'ont plus le sens commun.

A l'insu des beaux parleurs, les choses ont marché. La France, presque malgré elle, se voit aujourd'hui à la tête d'un empire colonial où tout commence à réussir. Cela est acquis, et on n'a pas le droit de le nier. Nous avons tous au contraire le devoir, si nous ne nous résignons pas à en tirer quelque fierté, de le constater et d'y trouver un encouragement pour progresser encore. Succès oblige.

Je sais qu'on va me reprocher mon incurable optimisme. Laissez-moi répondre par avance que l'optimisme me semble une grande grâce, et qu'il suffirait d'en jeter un peu à ce pays-ci et à notre ville pour leur rendre toute leur vigueur et toute leur prospérité. Pas de cet optimisme qui consiste à s'illusionner et à leurrer les autres par les faux dehors de la présomption, mais ce sentiment fécond qui fait les peuples forts en leur donnant conscience de leurs vraies forces.

Il ne manque à notre pays qu'un peu de confiance en lui. S'il croyait à son énergie, s'il savait seulement tout ce dont il est capable, tout ce qu'il accomplit, tout ce qu'on peut lui faire faire de grand et de bien, même sans qu'il s'en rende compte, son avenir serait encore bien glorieux.

Espoir, *audace* et *confiance* sont des fleurs devenues trop rares sous notre climat. Il n'y aurait pas de mission plus belle et plus féconde que celle d'en recouvrir de nouveau la terre de France.

Lyon. — Imp. A. REY, 4, rue Gentil. — 23001